NOVVELLE METHODE, ET BREFVE INSTRVCTION DE L'AVTOVRCERIE:

Pour bien cognoistre les Oyseaux, les
tenir en estat, les bien faire voller
& reuenir sur le poing : Auec
les remedes pour les guerir
de toutes maladies.

*Par le Sieur de la Salmondiere Moynet,
Gentil-homme de Normandie.*

A ROVEN,
De l'Imprimerie de ROBERT DARÉ
tenant sa boutique dans la Court du Palais.
M. DC. XXXXVII.

A MONSIEVR LE COMTE de Carouges.

MONSIEVR,

M'estant toute ma vie estudié à l'Autourcerie, ie me suis adulsé de vous en desdier cette brefue instruction,

EPISTRE.

pour donner le contenu en icelle, à ceux-là lesquels auront l'honneur de vous seruir en cét exercice, vous asseurant que toutes les choses qui y sont contenus ie les ay experimentez, & ceux qui ayment cette chasse ne me blasmeront iamais de leur donner ces preceptes, dont la preuue leur fera cognoistre la ve-

EPISTRE.

rité de ce que i'estois, & à vous MONSIER, l'honneur que i'espere d'estre le reste de mes iours,

MONSIEVR,

Vostre tres-humble & tres obeyssant serviteur, Salmondiere Moynet.

EPISTRE

à de cognoistre, & c.
à vous MONSIER,
annoncer que ce ...
celle la lettre de nos
tous ...

MONSIEUR,

Votre tres-humble &
tres obeyssant servi-
teur, Schlondiere
Moyner.

A 3

COMME IL FAUT
choisir le Tiercelet.

LE Tiercelet le plus grand doit tousiours pluftoft reüssir, & entre mieux dans le vent, il faut qu'il ait la main grande & desliée, les serres noires & bien pointuës, & la jambe platte, & bas sus jambes, & aussi la teste platte, large de maheuttes, bien croisé, le vol long, le ballet court pour les pennages, j'en ay veu de bons de toutes ces façons.

Comme il faut choisir l'Autour.

L'Autour le plus petit est le meilleur, & n'est si sujet à la poulle, & sera bon de le choisir formé comme le Tiercelet.

Comme il faut choisir les Oyseaux niais.

Pour les Oyseaux niais, il faut tousiours prendre le plus aduancé de l'aire, & le plus gourmant, & quand vous luy presenterez de la viande s'il y jette la main c'est fort bon signe.

Comme il faut choisir l'Espreuier.

L'Espreuier tout de mesme, & se gouuerne ainsi que le Tiercelet, mais il n'est besoin de luy donner des purgations, si ce n'est de la manne, du blanc d'œuf, ou de l'eau de racines de persil & autres, comme il est cy apres declaré.

Instruction pour tenir les Oyseaux en estat & les bien faire voller & reuenir sur le poing.

Vous deuez au commencement que vous mettez l'Oyseau sur le

poing, soit Tiercelet ou Autour, le tenir trois iours & trois nuicts auant que luy faire cognoistre la perche, & est bien à propos que celuy qui le fera voller le paisse tousiours, afin qu'il aye plus de souuenance que c'est luy qui luy donne à manger: d'abord il ne luy faut lauer sa viande qu'il ne soit bien accoustumé à manger sur le poing, car quand ils la trouuent lauée estant encor plains, ils sout quelque fois difficulté d'en manger. Vous commencerez à luy donner des cures le troisiesme iour, & les premieres que luy donnerez qu'elles soient petites & courtes, & les acharner, & en le faisant tirer les luy faire prendre, & quand il en aura pris six ou sept vous commencerez à le reclamer auec la filiere, & luy donnerez de la viande trempée dans l'eau fraische d'vne peuë à l'autre, & cela fait vous luy pourrez donner du blanc d'œuf le matin apres qu'il aura curé, battu dés le foir, tant qu'il empliſſe vn plat de brouë, & en diſtillera de l'huille que trouuerez le matin ſouz ladite brouë que vous verſerez en vn autre plat, puis vous y mettrez du ſuccre ſcandy blanc en poudre, la groſſeur d'vne féue & eſſarderez bien voſtre viande qui aura trempé dés le ſoir dans l'eau fraiſche, & la coupperez par morceaux, & la mettrez dedans ladite huille de blanc d'œuf, & en faiſant tirer l'Oyſeau vous luy ferez prendre la viande que vous aurez bien mouuée en ladite huille d'œuf, & ne le mettez à l'air de deux heures, & comme les vnze heures approcheront ne faillez de luy preſenter le bain, & le ſeicherez à ce commencement ſur le poing, appellant les Epagneux prés de vous afin de les luy faire cognoistre.

Cette petite recepte est fort bonne dans les chaleurs, mesme iusques à la fin d'Octobre : car elle rafraichit, empesche la croye, & donne appetit à l'Oyseau, & le iour que luy en aurez donné il ne luy faut donner cure.

La manne est bonne en toutes saisons, elle purge fort doucement, on la donne en plusieurs façons, vous en pouuez donner à vostre Oyseau en le paissant, quelques petits morceaux auec sa viande.

Vous la pouuez encor donner dissoute dans l'eau tiede, prenez gros de manne, comme vne balle d'arquebuse de moyen calibre, & ayant la main bien nette vous la dissoudtez dedans l'eau, viron deux cuillerez, tant qu'elle deuienne tout en eau, & hacherez la viande que voudrez donner à voſtre Oyſeau par morceaux, & la mettez dans ladite manne, & la ferez prendre à voſtre Oyſeau ainſi que le blanc d'œuf.

Vous luy en poũuez encor donner dedans ſa cure, pourueu qu'il ne tienne ny haut ny bas.

Mais voicy ou elle fait plus d'effect, quand voſtre Oyſeau aura fait le ſot, le lendemain matin dés qu'il aura curé, donnez luy dedans vn petit morceau de viande couppée fort tenure gros comme vne petite féue de manne, dedans laquelle vous aurez incorporé gros comme vn poix de ſucre ſcandy blanc, & en le faiſant tirer vous luy ferez prendre, & le laiſſerez repoſer deux heures & demie, puis vous luy donnerez demie gorge, & ne faillez de luy preſenter le bain sur les vnze heures, parce que cela l'altere, & apres allez à la chasse vous verrez bien voller.

Comme l'on approche de la Toussainct, ie me sers des eaux cuittes auec racines de persil, fenoüil, chiendant & chicorée, ostant vn bois qui est dans celle de fenoüil & persil, & les bien lauer & coupper par morceaux, & les faire boüillir dedans vn pot neuf deux ou trois heures, puis en passez au trauers d'vn linge viron deux cuillerez, & y mettrez vne cuillerée d'eau fraiche parmy, vous la rendrez tiede ce faisant, & y mettrez la viande dequoy vous voudrez paistre vostre Oyseau, par morceaux, que luy ferez prendre dans ladite eau en le faisant tirer, cela luy laue les narines, luy descharge le cerueau & l'empesche de rauder.

de l'Autourcerie. 15

Toutes ces petites receptes données vne fois la semaine empeschent vn Oyseau de toutes maladies, pour moy il y a plus de quarante ans que i'en gouuerne, & n'en ay iamais eu de malades.

Il y a des temps ou il est quelques fois necessaire de donner quelque petite purgation aux Oyseaux, soit quand il vient de grandes gelées & neiges, & qu'ils sont de longues durées, quand vous verrez le degel & qu'il commence à pleuuoir, vous pouuez donner à vostre Oyseau vne pillule blanche dés le matin, & qu'il ne tienne ny haut ny bas, & aussi tost qu'il l'aura prise vous le ferez tirer dedans la chambre ou il y aura du feu, & n'en doit sortir de la iournée ; puis trois heures aprés vous luy donnerez demy gorge de moyneau, poullet ou pigeonneau, & ne luy donnerez curé ce soir là, & le lendemain luy presenterez le bain auant que d'aller à la chasse : c'est ce qu'il faut tousiours faire quand vous purgerez vostre Oyseau.

Pour moy ie traitte les Oyseaux selon les vents, tant que la chaleur dure, ie trempe tousiours la viande de mon Oyseau, d'vne peuë à l'autre, de mesme quand le vent est d'aual, auec vn temps gras & humide : & quand le vent est d'amont & froid, ie ne trempe plus la viande de mon Oyseau, ie la faits seulement tiedir dans l'eau tiede, & l'essarde bien, puis ie luy donne à manger ; & depuis la fin d'Octobre, vous deuez tousjours rechauffer la viande de vostre Oyseau dedans l'eau tiede & la bien essarder.

Le

Le Fauconnier sera aduerty de n'aller iamais à la chasse qu'il n'aye dequoy repaistre son Oyseau le soir, au deffaut qu'il ne le peust pas de perdrix, & auoir de bonne viande à le r'appeller sur le poing, qui ne soit ny trempée ny lauée, & est le moyen de rendre l'Oyseau de bonne reprinse, & quand il est reuenu sur le poing, luy en laisser prendre quatre ou cinq bonnes beccades, & le bien carresser: car ceux qui se meslent de cette exercice, que l'on appelle Autruchiers ou Fauconniers, sont ceux lesquels souffrent de leurs Oyseaux, sans iamais leur monstrer de colere, ny les rudoyer au poing : & ceux lesquels n'en vsent de cette sorte, ne meritent pas porter ce nom, mais bien bourreaux d'Oyseaux : & le Maistre qui a tel vallet, ie le trouue obligé de faire

B

voller luy mesme s'il veut auoir du plaisir.

Comme la Toussaincts approche, & que les grands vents viennent, vous preparerez tous les iours voftre Oyseau pour aller à la chasse, & le mauuais temps continuant il s'abaisse si vous n'y prenez garde, & les perdrix s'enforcent, si bien que c'est là le temps où les Oyseaux se rebuttent, & arriue d'ordinaire qu'en cette saison ils vont au change : parce que la plufpart des Fauconniers quand leur Oyseau a vollé vne perdrix contre le vent, laquelle quelquefois il n'aura pas aboutée, ils s'opiniaftrent à chercher souz leur Oyseau, & si long-temps qu'il s'ennuye & va au change: Le Fauconnier sera aduerty de ne le laisser abaisser, & luy donner tousiours vne gorge le matin, cela n'empeschera pas que l'apres-disnée, s'il fait beau, qu'il n'aille prendre vne perdrix ou deux au plus, & qu'il se contente à cela, en cette saison, & quand il sera à la remise de son Oyseau, & qu'il ne trouuera la perdrix souz luy, qu'il le reprenne sur le poing, & l'ayant repris, qu'il requeste la perdrix plus deuant.

Vous deuez marquer à vostre Oyseau les bons coups qu'il fait, quand vous trouuez des perdrix qui font quatre ou cinq vols, ne manquez à le paistre s'il la prend, & par l'estomach, faisant semblant de ne l'auoir pas trouué : cela leur donne grand courage de retourner apres, & quand ils ont recogneu la force des perdrix, vous en prendrez plusieurs.

Ayant recueilly dans ce racourcy tout ce qui ma semblé estre plus important pour l'Autourcerie: Ie vous parleray de la composition de plusieurs pilules, & autres maladies qui peuuent arriuer aux Oyseaux.

Pilules blanches.

LEs pilules blanches se font auec du gras de lard, couppé fort tenure, trempé par vingt-quatre heures, & le changer durant cedit temps quatre fois d'eau, puis prendre autant de moüelle de bœuf, que vous manierez bien en eau fraische, puis vous ferez fondre sur vn rechaut ledit lard & ladite moüelle, & estant bien fondüe vous passerez le tout au trauers d'vn linge, & incorporerez gros comme vne balle d'arquebuse de sucre scandy blanc en poudre, & gros aussi comme vne féue d'agaric en poudre, & mouuerez le tout ensemble iusqu'à ce qu'il soit refroidy, & quand vous en voudrez donner à vostre Oyseau, vous en formerez vne pilule grosse comme vne cure, que ferez prendre à vostre Oyseau, & y obseruerez l'ordre porté en l'article des pilules blanches.

Pilules propres pour l'Automne, & mesme pour l'Hyuer.

POur les pilules de l'Automne & Hyuer, il faut prendre deux onces de manne bien nette & recente, auec jus de meures rouges, demie once de corail puluerisé, & piller le tout dedans vn mortier bien net, & qu'il ne soit roüillé, & de tout ce meslange en former vne pilule de la grosseur d'vne petite cure, que vous donnerez le matin à l'Oyseau, comme il est dit cy-deuant, parce qu'en toute purgation il faut tousiours suiure le mesme regime : ces pilules se gardent six mois, pourueu qu'ils ne soient point esuentées, & les faut faire du temps des meures.

Pilules douces.

AVx pilules douces, il ne faut que incorporer dans les pilules blanches vn tiers de conserue de roses rouges, en roche, & se donnent l'Esté, & se gardent en masse six mois.

Pilule de Ierapigra.

LEs pilules de Ierapigra, ce composent auec ledit Ierapigra preparé liquide, que vous prendrez chez Apotiquaire, & incorporerez dedans du succre scandy blanc, autant qu'il en faut pour rafermir ledit Ierapigra, duquel il n'en faut pas plus gros qu'vne féue à faire cette pilule, qui ne se donne que dans l'Hyuer : & est tres-excellente pour vn Oyseau enrumé, & quand vous l'aurez fait prendre à l'Oyseau, faites-le tirer souuent autrement il la rendroit bien tost, & cela ne luy profiteroit.

Pilules de Tribus.

LEs pilules de Tribus se prennent chez les Apotiquaires, parce que ils les font mieux que nous, & n'en faut pas donner à l'Oyseau plus gros qu'vn pois chaud, & y obseruerez tousiours le mesme ordre des autres pilules cy-deuant dites.

Autre methode de purger vn Oyseau auec le Chelidoyne, autrement appellé Esclaire.

VOus prendrez de la racine d'Esclaire, que nettoyrez bien sans lauer, & en formerez cinq morceaux gros comme pois chauds, & les mettrez tremper dés le soir dedans l'eau fraische, viron cinq fois plein vne cuiller d'argent, & le matin vous ferez prendre à vostre Oyseau tous les cinq morceaux, & les cinq cuillerez d'eau ou ladite Esclaire aura trempé, & commencerez par vne cuillerée d'eau, & entremeslerez tousiours, & ne luy donnerez à manger qu'il n'aye rendu tous les cinq morceaux : & y obseruerez tousiours les formes en l'article des purgations.

Et quand vostre Oyseau se paistra outre vostre gré, & que le voudrez faire rendre, prenez vn crin de la queuë d'vn cheual, & faites ouurir le bec de vostre Oyseau, & luy passerez le crin dedans, & le bridez par le derriere de la teste, & cela le fera rendre : sinon, prenez six grains de poivre & les rompez chacun en deux pieces, & les enueloppez dedans vn morceau de viande delicate, comme vn cœur de mouton ou poullet, afin qu'il les aualle, & incontinent après il rendra.

Et quand vn Oyseau rend sa gorge, soit par indisposition, ou que sa viande ne fust pas bonne, presentez luy de l'eau, & luy en faites prendre s'il est possible, & vne heure après donnez luy vne petite pilule de conserue de rose rouge, passée en vieil vin clairet, puis le laisserez reposer là dessus trois ou quatre heures, puis vous luy donnerez à manger du filet de l'aisle d'vn vieil pigeon, trempé en laict de femme, auec du succre scandy blanc, & il se portera bien.

Pour guerir vn Oyseau panthez.

IL faut d'abord que vous voulez traitter vn Oyseau panthez le mettre en bon corps, auparauant que luy donner les remedes, car estant bas il ne les pourroit pas supporter: vous le purgerez au commencement de manne de Calabre, de la plus recente, deux iours de suite, le troisiesme iour vous luy donnerez la pilule blanche, le cinquiesme iour vous luy donnerez la pilule douce, laissant vn iour entre deux, le septiesme iour vous luy donnerez la pilule de Ierapigra, le neufuiesme iour vous luy donnerez la pilule de Tribus, & s'il n'est tout à fait guery, vous luy redonnerez encore celle de Ierapigra & de Tribus, vn iour entre deux : & en tout ce temps que le purgerez nourrissez-le tousiours de bonnes viandes, & y observez bien l'ordre que ie vous ay cy-deuant donné au chapitre des purgations, & ne luy donnez point du tout de cures qu'il ne soit guery, puis cela fait il le faut porter au bain, & le seicher au feu quand il se sera baigné; i'en ay guery plusieurs de ces remedes.

Pour guerir les fleurs, & blesseures des mains.

PRenez vn sachet plein de plantain, que vous aurez long-temps battu auec sel & vin-aigre, puis vous ferez tenir la main de l'Oyseau dessus, le plus de temps que vous pourrez, puis apres vous le graisserez de beurre frais & graisse de poulle.

De la pepie.

CE mal est aysé à cognoistre, parce que la langue s'endurcit, & se seiche par le bout, & au dessous se monstre comme blanche : ce mal sans doute incommode grandement l'Oyseau, si le remede ne luy estoit fait, comme il ensuit : Ayez vne esguille bien pointuë, & en vous faisant tenir l'Oyseau abatu, prenez luy la langue, comme l'on fait aux poulles, puis auec l'esguille ostez luy la pepie qui tient au dessous de la langue, laquelle vous oindrez apres auec de l'huille rosart, & deux heures apres paissez vostre Oyseau dedans l'eau tiede.

Pour le chancre.

POur le chancre, prenez du sucre scandy blanc, bien broyé, & aussi du souffre en poudre, autant de l'vn que de l'autre, & en mettrez sur le chancre : le jus de meures rouges y est tres-excellent en sa saison, luy en donnant auec sa viande en le paissant.

de l'Autourcerie. 31

Pour les tays qui viennent sur les yeux des Oyseaux, soit par blesseure ou autrement.

PRenez eau de fenoüil & la luy iettez dedans l'œil, puis soir & matin vous luy soufflerez de la poudre de succre scandy blanc, corail & tutie preparée, & le faut tenir en lieu où il n'y ayt ny feu, ny fumée.

Pour poiurer un Oyseau qui a des poux, ou bien qui a eu quelque effort.

IL faut prendre toutes sortes de bonnes herbes, comme fenoüil,

herbe à la Reine, du coq, de l'abſyn-
te, de la ruë, du romarin, du laurier,
de l'hyſoppe, du thin, de la gardero-
be, des mauues & guimauues, & les
mettrez boüillir dedans vn grand
chaudron, auec trois ou quatre pots
de vin blanc, le plus vieil c'eſt le mei-
leur pour vn Oyſeau qui a eu quelque
effort, & quand ce n'eſt que pour les
poux il ſuffit d'vn pot, & vne meſure
d'auoine, pour oſter la graiſſe du
boüillon, & quand tout cela aura
boüilly trois ou quatre heures, vous
paſſerez le boüillon au trauers d'vn
linge, & l'eſpraindrez bien fort pour
faire ſortir le jus des ſuſdites herbes,
& mettrez dedans le bain du poiure
en poudre viron vne once, qui ſera
dedans vne chaudiere, & quand il
ſera refroidy, en ſorte que l'Oyſeau
y puiſſe durer: c'eſt à dire, peu plus
que

de l'Autourcerie. 33

que tiede, vous le ferez abattre, & le tenant par deſſus le dos vous le renuerſerez ſur le dos vers le fond de la chaudiere, & que l'on luy tienne bien les deux jambes, & l'autre luy tienne la teſte au milieu de la main, & l'autre le corps, & qu'il n'aye que la teſte hors le bain, & luy faut tenir viron vn quart d'heure, & en l'oſtant vous luy ferez aualler vn morceau de ſucre ſcandy blanc, gros comme vne petite cure, & luy mettrez du poiure en poudre ſur le derriere de la teſte, ſur les maheuttes, & ſur le cropion, & le tenez prés le feu, iuſqu'à ce qu'il ſoit tout à fait ſec, & qu'il ne ſorte de la chambre toute la iournée : & auparauant que le mettre dans ledit bain, il faut qu'il aye enduit demie gorge, & qu'il ſoit en bon corps, quand luy voudrez donner ce bain:

C

& le lendemain portez-le au bain, à la riuiere ou fontaine, & volontiers il se baignera, & apres estre sec dudit bain chaud, ne luy donnez que demie gorge chaude.

Toutes les receptes contenuës en ce present liure, ie les ay experimentez & esprouuez depuis quarante ans que ie faits l'exercice de l'Autourcerie.

FIN.

EXTRAICT du Priuilege.

L'An de grace mil six cens quarante sept, le neufuiesme iour d'Auril : Par nous Charles Boullays Escuyer, Conseiller du Roy, Lieutenant particulier au Bailliage de Rouen : Il est permis, du consentement du Procureur du Roy audit Bailliage, à Robert Daré Marchand Libraire & Maistre Imprimeur audit Rouen, d'imprimer, vendre & distribuer dans cette ville & Prouince, le present Liure intitulé,

Nouuelle Methode & brefue Instruction de l'Autourcerie, Composé par le sieur de la Salmondiere Moynet, Gentil-homme de Normandie : Et deffenses sont faites à tous autres Libraires & Imprimeurs, d'en imprimer, vendre ny distribuer dans cettedite ville & Prouince, s'ils ne sont de l'impression dudit Daré, pendant le temps de quatre ans, à peine de confiscation des exemplaires, & de tous despens, dommages & intherests.

Signé　　D. V. B V S C.

　　　　　LE FEBVRE.

www.ingramcontent.com/pod-product-compliance
Lightning Source LLC
Chambersburg PA
CBHW060723050426
42451CB00010B/1593